essentials

essentials liefern aktuelles Wissen in konzentrierter Form. Die Essenz dessen, worauf es als „State-of-the-Art" in der gegenwärtigen Fachdiskussion oder in der Praxis ankommt. *essentials* informieren schnell, unkompliziert und verständlich

- als Einführung in ein aktuelles Thema aus Ihrem Fachgebiet
- als Einstieg in ein für Sie noch unbekanntes Themenfeld
- als Einblick, um zum Thema mitreden zu können

Die Bücher in elektronischer und gedruckter Form bringen das Expertenwissen von Springer-Fachautoren kompakt zur Darstellung. Sie sind besonders für die Nutzung als eBook auf Tablet-PCs, eBook-Readern und Smartphones geeignet. *essentials:* Wissensbausteine aus den Wirtschafts-, Sozial- und Geisteswissenschaften, aus Technik und Naturwissenschaften sowie aus Medizin, Psychologie und Gesundheitsberufen. Von renommierten Autoren aller Springer-Verlagsmarken.

Weitere Bände in der Reihe http://www.springer.com/series/13088

Felix Wirges · Marlene Ahlbrecht · Anne-Katrin Neyer

HR-Analytics

Was HR-Verantwortliche und Führungskräfte wissen und können müssen

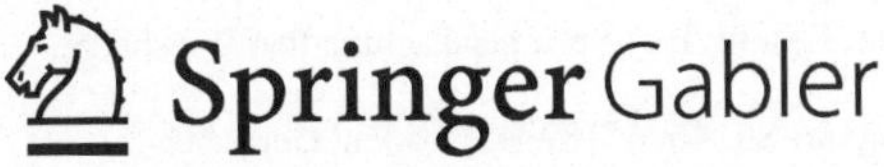

Felix Wirges
Martin-Luther-Universität
Halle-Wittenberg
Halle (Saale), Deutschland

Marlene Ahlbrecht
Martin-Luther-Universität
Halle-Wittenberg
Halle (Saale), Deutschland

Anne-Katrin Neyer
Martin-Luther-Universität
Halle-Wittenberg
Halle (Saale), Deutschland

ISSN 2197-6708 ISSN 2197-6716 (electronic)
essentials
ISBN 978-3-658-27792-5 ISBN 978-3-658-27793-2 (eBook)
https://doi.org/10.1007/978-3-658-27793-2

Die Deutsche Nationalbibliothek verzeichnet diese Publikation in der Deutschen Nationalbibliografie; detaillierte bibliografische Daten sind im Internet über http://dnb.d-nb.de abrufbar.

Springer Gabler

Springer Gabler ist ein Imprint der eingetragenen Gesellschaft Springer Fachmedien Wiesbaden GmbH und ist ein Teil von Springer Nature.
Die Anschrift der Gesellschaft ist: Abraham-Lincoln-Str. 46, 65189 Wiesbaden, Germany

Was Sie in diesem *essential* finden können

- einen prägnanten und integrativen Überblick über die grundlegenden Aspekte von HR-Analytics
- eine Darstellung der Anforderungen an die Mitarbeiter und Unternehmen für den Einsatz von HR-Analytics
- Tipps und Handlungsempfehlungen für HR-Verantwortliche und Führungskräfte zum Einsatz von HR-Analytics in der betrieblichen Praxis

Vorwort

Liebe Leserinnen, liebe Leser,

HR-Analytics ist eines der Trendthemen im Personalmanagement und dennoch wird es in den meisten Personalabteilungen bisher kaum eingesetzt. Ein möglicher Grund dafür mag sein, dass HR-Verantwortliche selten eine Vorliebe für Statistik, Informatik oder gar Data Science in ihrer Ausbildung hatten bzw. diese Aspekte keine oder nur eine sehr kleine Rolle spielten. Dies beobachten wir auch im Rahmen unseres HRM-Masterstudiengangs an der Martin-Luther-Universität Halle-Wittenberg immer wieder. Sobald das Thema darauf kommt, dass wir nachdrücklich empfehlen sich auch in den Wahlbereichen mit Statistik und Wirtschaftsinformatik zu beschäftigen, hält sich die Begeisterung in Grenzen. Dennoch merken immer mehr HR-Verantwortliche aufgrund des digitalen Wandels und der zunehmenden Bedeutung von Daten für die Entscheidungsfindung, dass es auch HR gelingen muss, die für eine datenunterstützte Entscheidungsfindung benötigten Strukturen und Kompetenzen zu entwickeln und umzusetzen.

Es stellt sich also die Frage, wie HR-Verantwortliche ermutigt werden können, sich mit der Thematik HR-Analytics auseinanderzusetzen. Das Ziel dieses Buches soll es sein, einen grundlegenden Überblick über das Themengebiet HR-Analytics zu geben und HR-Verantwortlichen und Führungskräften eine Basis zu geben, sich dem Umgang mit Daten im Personalbereich zu nähern und Mitarbeiter an das Themengebiet heranzuführen und zu sensibilisieren. Das Buch richtet sich somit an HR-Verantwortliche und Führungskräfte, die sich mit Thema vertraut machen wollen oder Probleme bei der anstehenden Integration von HR-Analytics haben.

Wir wünschen Ihnen viel Spaß beim Lesen!

Felix Wirges
Marlene Ahlbrecht
Anne-Katrin Neyer

Inhaltsverzeichnis

1 HR und Daten? Passt das?

Viele Beiträge, Präsentationen oder Keynotes rund um den Megatrend Digitalisierung bedienen sich oftmals dem Zitat der ehemaligen Vorstandsvorsitzenden Carla Fiorina von Hewlett Packard: „Alles, was digitalisiert werden kann, wird digitalisiert" (Fiorina 2000). Diesen Druck der Digitalisierung, der auch in diesem Zitat mitschwingt, spüren die meisten Unternehmen seit einigen Jahren. Es stellt sich also die Frage, welches Potenzial, u. a. in Form von digitalen Geschäftsmodellen, geschaffen werden kann und welche Rolle die unterschiedlichen Funktionen im Unternehmen in diesem Prozess einnehmen. HR spielte bei der Digitalisierung von Unternehmensprozessen bisher eine eher untergeordnete Rolle, was sich nun radikal ändert: Bewerbungen und Bewerberkontakt über einen Chatbot im Recruiting, digitale Lernplattformen und Mobile Learning in der Personalentwicklung oder KI gestützte Meetingtools zur administrativen Unterstützung stellen HR vor neue Herausforderungen. Dieser gesteigerte Einsatz von Tools, die die Unternehmensprozesse digitalisieren, bringt mit sich, dass auch die darin anfallenden Daten sich um ein Vielfaches schneller und leichter erfassen und sammeln lassen. Das Sammeln und Auswerten von Daten ist bereits seit einiger Zeit essenzieller Bestandteil von vielen Unternehmen (Côrte-Real et al. 2017; George et al. 2014). Egal ob Marketing, Vertrieb oder in der der Produktion, Entscheidungsfindung auf Basis von Daten ist in vielen Fällen eine Selbstverständlichkeit geworden. Dies ist nicht unbedingt verwunderlich, da eine datengestützte Entscheidungsfindung Prozesse automatisieren und effizienter gestalten kann (Acito und Khatri 2014; Earley 2015; Ghasemaghaei 2018). HR blieb bis dato jedoch in der Regel hier außen vor: Das Sammeln und Auswerten von Daten beschränkte sich meist auf klassisches Personalcontrolling. Dies ist umso erstaunlicher, da es sich bei HR um einen Geschäftsbereich handelt, der ein enormes Potenzial für die Datengenerierung hat (Cascio und Montealegre 2016).

F. Wirges et al., *HR-Analytics*, essentials,
https://doi.org/10.1007/978-3-658-27793-2_1

In jüngster Vergangenheit finden sich jedoch immer öfters Begrifflichkeiten wie „HR-Analytics" oder „People Analytics" auf HR-Blogs und Trendbarometern wieder. Ob im Recruiting und der Auswahl von Bewerbern, dem Einschätzen späterer Erfolge neuer Mitarbeiter oder der Bindung bestehender Mitarbeiter (Pease 2015), all diese Bereiche sollen mit HR-Analytics einen deutlichen Wandel erleben.

Gerade diese Aufgabenbereiche stellen die Personalabteilungen immer wieder vor neue Herausforderungen. Viele Unternehmen haben durch den Fachkräftemangel das Problem, talentierte Mitarbeiter nicht rekrutieren bzw. im Unternehmen binden zu können (Holthaus et al. 2015). Um diese für das Unternehmen zentrale Stellschraube besser verstehen zu können, soll nun für eine entscheidungsunterstützende Analyse „HR-Analytics" herangezogen werden. Durch die Auswertung großer Datenpools mittels eigens dafür entwickelter HR-Software, können HR-Verantwortliche Schlüsselentscheidungen anhand analytischer Ergebnisse treffen (Harvard Business Review Analytic Services 2014).

Diese neue Form der analytischen Arbeitsweise im HR-Bereich zeigt neben den vielversprechenden Chancen auch einige Risiken auf. Viele Mitarbeiter des HR-Bereichs fühlen sich erdrückt von der neuen Welt von Big Data und den exponentiell wachsenden Technologien (Fitz-enz und Mattox 2014). Hinzu kommt die steigende Gefahr der Verletzung der Privatsphäre der Mitarbeiter und die damit einhergehende notwendige Zunahme des Datenschutzes. Zu nennen ist hier die Einführung der EU-DSGVO, die seit August 2018 verbindlich gilt und speziell mitarbeiterbezogene Daten unter besonderen Schutz stellt. Es ist somit Sorgfalt zu tragen, dass diese neu eingeführten Richtlinien beim Einsatz von HR-Analytics berücksichtigt werden.

Aus diesem Grund ist es für HR-Verantwortliche unabdingbar sich mit diesen neuen Entwicklungen auseinanderzusetzen. Dass dieser Wille für eine voranschreitende Digitalisierung im HR-Bereich vorhanden ist, zeigt sich an einer Befragung von vorwiegend HR-Verantwortlichen aus 221 deutschen Unternehmen, welche mit 63 % antworteten, dass ihr Personalmanagement eine Digitalisierungsstrategie verfolgt. Damit zeigt sich, dass das Personalmanagement mit dem Digitalisierungstempo des restlichen Unternehmens gleichauf bleiben und strategische Aufgabenbereiche erschließen will (Olsok et al. 2016). Ansonsten läuft HR die Gefahr, das Potenzial von HR-Analytics für die Rolle von HR als strategischen Business Partner, nicht bzw. nicht optimal zu nutzen. Daher soll im Rahmen dieses Buches HR-Verantwortlichen und Führungskräften die einführenden Grundlagen in HR-Analytics nähergebracht werden. Es wird aufgezeigt, welchen Herausforderungen HR-Verantwortliche und Führungskräfte bei der Einführung von HR-Analytics gegenüberstehen und welche neuen

Anforderungen sich daraus ergeben. Das Buch stellt diese Herausforderungen und Anforderungen systematisch dar und gibt abschließend Handlungsempfehlungen für die unternehmerische Praxis.

Was erwartet Sie in diesem Buch?

Für ein tiefergehendes Verständnis des Begriffs HR-Analytics werden in Kap. 2 grundlegende Begrifflichkeiten erläutert. Hierbei wird zunächst auf die einzelnen Teilprozesse von HR-Analytics eingegangen. Anschließend werden neue Möglichkeiten von HR-Analytics erläutert, die Vorteile in die strategische Personalarbeit bringen sollen und sich auf das gesamte Unternehmen auswirken können. Des Weiteren wird eine Begriffsabgrenzung von HR-Analytics gegenüber anderen in der Literatur vorherrschenden Begrifflichkeiten vorgenommen. Kap. 3 beschäftigt sich mit dem aktuellen Anwendungsstand von HR-Analytics in der betrieblichen Praxis und den damit verbundenen Mehrwert. Kap. 4 fasst die größten Herausforderungen, denen HR-Verantwortliche zurzeit bei der Einführung von HR-Analytics gegenüberstehen, zusammen. Aus diesen Herausforderungen entstehen neue Anforderungen an die Mitarbeiter in der HR-Abteilung. Zu diesen zählen unter anderem neue Fähigkeiten, die sich Mitarbeiter im Unternehmen künftig aneignen müssen, sowie ein strategischer Umgang mit der Datenorganisation und den daraus resultierenden Aufgabenbereichen der Mitarbeiter. Im letzten Teil des Kapitels werden die Anforderungen an die Führungskräfte des Personalbereichs thematisiert, um die Geschäftsführung vom Nutzen von HR-Analytics zu überzeugen. Die Ergebnisse in diesem Kapitel dienen als Diskussionsgrundlage für Kap. 5, welches Handlungsempfehlungen herausarbeitet, um die entstehenden Herausforderungen und Anforderungen bestmöglich zu bewältigen. Die Handlungsempfehlungen beruhen auf nationaler und internationaler Fachliteratur zum Thema HR-Analytics. Der Fokus liegt hierbei auf einer managementorientierten Sichtweise zur Erstellung von Lösungsansätzen. Diese Lösungsansätze sollen dazu führen, dass eine klare Entscheidung darüber getroffen werden kann, in welcher Form HR-Analytics in der Personalabteilung integriert werden kann und sollte. Abschließend werden wesentliche Punkte aufgegriffen und in Form eines Ausblicks zur zukünftigen Entwicklung von HR-Analytics in Kap. 6 gegeben.

Was ist HR-Analytics? 2

Um mit HR-Analytics arbeiten zu können, braucht es in einem ersten Schritt ein einheitliches Verständnis des Begriffes „HR-Analytics", um sicher zu stellen, dass die beteiligten HR-Verantwortlichen und Führungskräfte dasselbe Bild vor Augen haben. Da in der bisherigen Literatur als auch in der Praxis eine Vielzahl von Begrifflichkeiten synonym verwendet werden, wird zuerst vertieft darauf eingegangen, was unter HR-Analytics zu verstehen ist und welche Möglichkeiten HR-Analytics für das strategische Personalmanagement bieten kann.

Verschiedene Stufen von HR-Analytics

HR-Analytics ist ein relativ neues Themengebiet in der Personalwirtschaft (Marler und Boudreau 2017), welches erst seit 2010 ernsthaft von HR-Verantwortlichen wahrgenommen wird (Fitz-enz 2013). Bei HR-Analytics handelt es sich um einen Teilbereich der Business Intelligence, welche den Ansatz des evidenzbasierten Managements auf der Grundlage der Erstellung von Datenmaterial beschreibt (Gola 2015). HR-Analytics setzt sich aus mehreren Teilprozessen zusammen, die aufeinander aufbauen. Zusammen bilden diese Teilstufen, ergänzt durch einen personalwirtschaftlichen Bezug, den Gesamtbereich HR-Analytics. Nachfolgend wird diese Aufteilung mit Bezug auf Abb. 2.1 ausführlich beschrieben. Als Grundlage sind **Descriptive Analytics** zu sehen, die ausdrücken, was in der Vergangenheit passiert ist (Fitz-enz 2013). Die Auswertung dieser Daten erfolgt reaktiv (Holthaus et al. 2015) und liefert Daten der vergangenen Perioden, wie beispielsweise Mitarbeiterzahl, Rekrutierungs- und Fluktuationsquoten, sowie Kostendaten (Werther und Bruckner 2018). Es werden in dieser ersten Prozessstufe meist abfragende und suchende Analysen angewendet (Strohmeier 2015). Abfragende Analysen geben HR-Kennzahlen aus, die durch On-Line-Analytical-Processing (OLAP) Software schon in Bezug gesetzt werden können, z. B. bei Ausgabe der Frauenquote im Unternehmen (Strohmeier 2015). OLAP beschreibt

F. Wirges et al., *HR-Analytics,* essentials,
https://doi.org/10.1007/978-3-658-27793-2_2

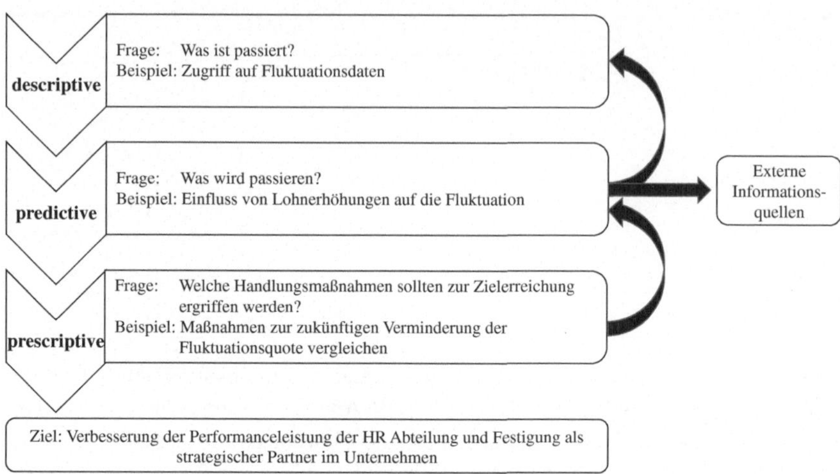

Abb. 2.1 Aufbau von HR-Analytics. (Eigene Darstellung, Daten entnommen aus Fitz-enz 2013, S. 232 ff.; Mühlbauer 2017, S. 270; Christ und Ebert 2016, S. 300 f.)

dabei eine Softwaretechnologie, die auf der Basis von transformierten Rohdaten, einem Nutzer einen schnellen Zugriff auf eine Vielzahl von möglichen Ansichten von Informationen geben kann (OLAPcouncil 1997). Das Durchsuchen von Textdokumenten nach einem speziellen Suchbegriff wird durch suchende Analysen durchgeführt (Strohmeier 2015). Zusammenfassend lassen sich somit vormalige HR-Prozessleistungen abfragen (Mühlbauer 2017) und hieraus Problembereiche, aber auch Geschäftsvorteile ableiten (Christ und Ebert 2016). Auf dieser Basis baut sich dann der Bereich der **Predictive Analytics** auf. Die zentrale Fragestellung dieses Bereichs ist: Was wird passieren und warum? (Christ und Ebert 2016). Predictive Analytics setzt die Daten aus der Vergangenheit (Reporting) und der Gegenwart (Controlling) miteinander in Bezug und erkennt darin Muster, Wirkungszusammenhänge und Bedeutungen (Christ und Ebert 2016). Hierfür werden zusätzlich zu abfragenden und suchenden Analysen auch mustererkennende Analysen wie Data Mining verwendet (Strohmeier 2015), um Vorhersagen für die Zukunft zu treffen (Fitz-enz und Mattox 2014). Durch Beleuchten von Beziehungen zwischen verschiedenen Datentypen werden Trends oder Ereignisse, die zukünftig eintreten könnten, erkannt und das Unternehmen kann rechtzeitig geeignete Maßnahmen zur Vorbereitung auf diese treffen (Edwards und Edwards 2016). Neben internen Mitarbeiterdaten, z. B. Informationen über Beförderungen, Mitarbeitergespräche, Abrechnungsunterlagen oder Personalentwicklungsmaßnahmen, können auch externe Datenquellen genutzt werden, z. B. soziale Netzwerke, in die Analysen miteinbezogen werden (Christ und Ebert 2016). Ein mögliches Anwendungsszenario von Predictive Analytics stellt zum Beispiel der Einfluss von Lohnerhöhungen auf die zukünftige Fluktuationswahrscheinlichkeit dar (Mühlbauer 2017). Somit können strategische Wirkungen von HR-Maßnahmen, die zukünftig durchgeführt werden sollen, bereits vorher abgeschätzt werden (Mühlbauer 2017). Als weitere Entwicklung sind **Prescriptive Analytics** zu nennen. Diese sollen die Frage beantworten, welche Handlungsalternativen die HR-Verantwortlichen wählen sollten, um ein bestimmtes Ziel zu erreichen (Fitz-enz 2013). Typische Vorgehensweise zur Bestimmung der Handlungsalternativen sind die lineare Optimierung, Simulationen oder Experten Systeme (Christ und Ebert 2016). Hierbei handelt es sich um komplexe mathematische Methoden, die mit Hilfe analytischer Tools angewendet werden können. Auf Prescriptive Analytics in Bezug auf den HR-Bereich wird in der Literatur bisher nur sehr oberflächlich eingegangen. In der Personalabteilung wird es bisher noch sehr selten angewendet (Fitz-enz und Mattox 2014). Deswegen wird im Rahmen dieses Grundlagenbuches nur auf die ersten beiden Stufen von HR-Analytics eingegangen.

Ein Begriff – viele Bezeichnungen

Durch das Fehlen einer einheitlichen Bezeichnung und einer Definition des Begriffes HR-Analytics kommt es zu Kommunikationsschwierigkeiten in und zwischen Unternehmen (Pease 2015). In der Literatur wird der Begriff „People Analytics“ oft als Synonym zu HR-Analytics verwendet. Auch wenn People Analytics ebenfalls mit der bereits beschriebenen Stufeneinteilung der Datenauswertung arbeitet (Descriptive, Predictive, Prescriptive) und es viele Parallelen und Überschneidungen der Begriffsdefinitionen gibt, bezieht sich People Analytics auf eine Verbindung von Daten des Personalwesens mit Daten aus anderen Unternehmensbereichen (Reindl 2016). Hier wird die Auswirkung von Managementpraktiken auf das Verhalten von Mitarbeitern im ganzen Betrieb untersucht (Werther und Bruckner 2018). Der Kernbereich dieses Buches bezieht sich allerdings auf Analytics, die mit den Daten aus dem HR-Bereich arbeiten. Daraus sollen Entscheidungen für die Verbesserung der Performanceleistung der HR-Abteilung und des gesamten Unternehmens für die Zukunft getroffen werden (Marler und Boudreau 2017). Somit arbeiten beide Begriffe auf das gleiche Ziel hin, jedoch setzt HR-Analytics an der HR-Abteilung an und nicht an Informationen des gesamten Unternehmens. Zudem lassen sich in der Literatur weitere Begrifflichkeiten wie „Workforce Analytics“ und „Talent Analytics“ finden. Beide Begriffe greifen tiefer in einzelne Aufgabenbereiche des Personalbereichs, werden aber ebenfalls oft synonym zu HR-Analytics verwendet. Für die

Zielsetzung dieses Buches werden diese Teilbereiche nicht einzeln untersucht, sondern dem Oberbegriff HR-Analytics untergeordnet.

Zusammenfassend kann man HR-Analytics als Instrument zur Offenlegung von ungenutzten Möglichkeiten im HR-Bereich und als datengestützte Entscheidungshilfe definieren (Fitz-enz und Mattox 2014). Durch die Zusammenarbeit von Descriptive, Predictive und Prescriptive Analytics kann eine Lösung für ein datengestütztes Entscheidungsmanagement geschaffen werden, die mit den Daten von heute Prognosen für morgen liefert und damit die Rolle von HR als strategischer Partner aufrechterhalten bzw. verstärken kann.

HR-Analytics in der Praxis

3

Wie ist der aktuelle Anwendungsstand?
Das folgende Kapitel gibt einen Überblick darüber, in welchem Ausmaß HR-Analytics bereits in der unternehmerischen Praxis angewendet wird und welche Bereiche noch Entwicklungspotenzial aufzeigen. Generell ist anzumerken, dass die Forderungen nach einem stärkeren evidenzbasierten Ansatz im HR-Bereich nicht unbedingt neu sind (Lawler 2015). Auch wenn viele Unternehmen bereits damit begonnen haben, mit HR-Daten und damit verbundener Analysesoftware zu arbeiten, kommen die meisten nicht über die Stufe der Descriptive Analytics hinaus. Obwohl Descriptive Analytics bei vielen Unternehmen im HR-Bereich schon länger etabliert sind, ist auch hier festzuhalten, dass nur 11 % von 230 befragten Führungskräften in einer Umfrage angaben, dass Descriptive Analytics selten als Entscheidungsgrundlage herangezogen werden. Die Zahlen für die Nutzung von Predictive Analytics sind dabei noch geringer: nur ca. 9 % ziehen Predictive Analytics in ihre Datenverarbeitung ein (Harvard Business Review Analytic Services 2014).

Doch gerade bei den neu hinzukommenden Predictive Analytics stehen die Mitarbeiter unterschiedlichster Unternehmensbereiche vor der Herausforderung, aus den vorhandenen Daten einen strategischen Vorteil für das Unternehmen zu erarbeiten. Während im Marketingbereich 64 % angeben Predictive Analytics zu nutzen, sind es im Personalbereich nur 17 % (Halper 2014). Diese Zahlen decken sich mit weiteren Statistiken. Falleta (2013) zeigt in einer Stichprobe von 220 global agierender Unternehmen (darunter 39 aus den Fortune 100) aus 47 unterschiedlichen Branchen, dass nur 15 % der befragten Unternehmen einen strategischen Fokus auf HR-Analytics legen und in der Regel keine Analysen mit Hilfe von Predictive Analytics durchführen, sondern nur klassisches Reporting betreiben. Eine Erhebung von Lawler und Boudreau (2015) bei 100 Unternehmen

F. Wirges et al., *HR-Analytics*, essentials,
https://doi.org/10.1007/978-3-658-27793-2_3

aus den Fortune 500 zwei Jahre später zeichnet ein ähnliches Bild ab wie die vorherigen Studien. Nur ein Drittel der befragten Unternehmen, die HR-Analytics verwenden, erfassen den Zusammenhang zwischen HR-Daten, Personen und dem Unternehmenserfolg. Trotz der potenziellen Vorteile einer datengestützten Entscheidungsfindung sind die Zahlen auch aus dem Jahr 2019 ähnlich ernüchternd. Bei einer weltweiten Trendumfrage unter 1200 HR-Verantwortlichen von KPMG, gaben 20 % an, dass Analytics im HR-Bereich in den nächsten Jahren eine wichtige Rolle einnimmt. Ein positiver Ausblick: 60 % der Befragten gaben an, dass in den kommenden Jahren Investitionen in den Einsatz von Predictive Analytics geplant sind (KPMG 2018).

Welchen Mehrwert bietet HR-Analytics?

Da die Bedeutung von HR-Analytics und speziell auch die Anwendung von Predictive Analytics immer wieder in der Diskussion stehen, sollten HR-Verantwortliche das Für und Wider von HR-Analytics abwägen. Es ist sinnvoll zu wissen, was in der vergangenen Geschäftsperiode passiert ist (Fitz-enz 2013). Jedoch sind vergangenheitsbezogene Daten und Informationen nicht immer ein guter Anhaltspunkt für zukünftige Entwicklungen (Berendes et al. 2016) und können auch nicht beantworten, warum etwas passiert ist (Edwards und Edwards 2016). In dynamischen Bereichen mit veränderlichen Faktoren sind weitere Ansätze erforderlich, um mit dieser Ungewissheit zu arbeiten (Berendes et al. 2016). Während Descriptive Analytics die Daten in Bezug setzen kann, d. h. Ursache-Wirkung Zusammenhänge darstellt, gibt Predictive Analytics diesen Zusammenhängen eine Bedeutung, indem Muster erkannt werden, welche zukünftige Ereignisse prognostizieren können (Fitz-enz 2010). Durch die Schnelllebigkeit von Daten und Informationen hat eine datenbasierte Vorhersage darüber, was am wahrscheinlichsten passieren wird, einen großen Wert für HR-Verantwortliche (Fitz-enz 2013), da die damit beeinflussten Teilbereiche des HR-Bereiches sich letztlich auf die Performance des gesamten Unternehmens auswirken können. Dies geschieht dadurch, dass durch HR-Analytics Ergebnisse der personellen Teilbereiche, z. B. Führungsqualität, Mitarbeiterengagement und Lernfortschritte der Mitarbeiter, verbessert werden können (Fitz-enz 2013). Außerdem kann ein besseres Verständnis des potenziellen Verhaltens und Absichten von Mitarbeitern entwickelt werden, was ein erfolgreiches Recruiting gewährleisten und Fluktuationsvorhaben verhindern kann (Strohmeier 2015). Darüber hinaus sind Rückschlüsse möglich, in welche Bereiche keine Zeit, Arbeitskraft und Geld investiert werden sollte, was wiederum zu einer Reduzierung von Arbeitspensum und Kosten führt (Bassi 2011).

Allerdings muss beachtet werden, dass die Höhe des Werts für das Gesamtunternehmen in der Zuverlässigkeit der Vorhersage liegt: sofern sich die Schätzungen im Durchschnitt häufiger bewahrheiten als nicht zuzutreffen, erlangt der HR-Bereich dadurch einen Mehrwert (Werther und Bruckner 2018). Eine absolut präzise Vorhersage ist aber im international verbundenen, globalen Markt nahezu unmöglich (Fitz-enz 2010).

Weitere Fragen, die HR-Analytics beantworten und dadurch einen Mehrwert liefern kann, sind zum Beispiel:

- Wie viel Mitarbeiterabwanderung herrscht vor? Lassen sich die Mitarbeiter, die das Unternehmen verlassen, in eine bestimmte Gruppe einordnen? (Fitz-enz und Mattox 2014)
- In welchen Bewerbern steckt das größte Potenzial? Nach welcher Zeit werden sie dem Unternehmen Erfolg bringen? (Christ und Ebert 2016)
- Welche Abteilung ist besonders unzufrieden und warum? (Christ und Ebert 2016)

So können Daten aus Personalbedarfs- und Strukturplanung, Personalbeschaffung, Personaleinsatz und Personalerhaltung dazu genutzt werden, die Leistung der Teilgebiete genau zu analysieren und für Problembereiche datengestützte Lösungen zu entwerfen (Christ und Ebert 2016). Dies soll dazu führen, dass sich die HR-Abteilungen der Unternehmen von einem verwaltungsgeprägten Bereich zu einem strategischen Organ wandeln und Wettbewerbsvorteile ermöglichen (Pease 2015). HR-Analytics soll so helfen, HR-Verantwortliche dabei zu unterstützen, für den Unternehmenserfolg relevante Schlüsselentscheidungen datenbasiert treffen zu können (Rasmussen und Ulrich 2015).

Anforderungen und Herausforderungen an und für HR-Verantwortliche

4

Ausgehend von den angeführten Mehrwerten, die HR-Analytics mit sich bringt, stellt sich die Frage, warum die Nutzung paradoxerweise so gering ist. Als Konsequenz könnte die Hypothese aufgestellt werden, dass der HR-Bereich den Anforderungen an den Einsatz (noch) nicht gewachsen ist. Das folgende Kapitel beschreibt daher, welchen Anforderungen und Herausforderungen HR-Verantwortliche durch die Einführung von HR-Analytics gegenüberstehen. Die Inhalte dieses Kapitels wurden durch eine State-of-the-Art Analyse, d. h. im Rahmen einer systematischen Literaturrecherche, erarbeitet. Dabei wurden folgende Kategorien als relevant identifiziert, nach denen dieses Kapitel gegliedert ist: Fähigkeiten der Mitarbeiter, sozialpsychologische Kontextfaktoren, der Umgang mit Daten und dem Datenschutz sowie die Überzeugung der Führungskräfte bei der Einführung von HR-Analytics.

Welche Fähigkeiten braucht es für den Einsatz von HR-Analytics?
Eine große Herausforderung bei der Einführung und Umsetzung von HR-Analytics in Unternehmen sind die fehlenden statistischen Fähigkeiten und Motivation der Mitarbeiter, mit HR-Analytics zu arbeiten (Pease 2015). Aufbauend auf den Ergebnissen von Levenson (2011), dass der effektive Einsatz von HR-Analytics nur durch grundlegende Kenntnisse im Bereich der Datenanalyse, multivariaten Analysemethoden oder der quantitativen Datenerhebung gelingen kann, untersuchten Marler und Boudreau (2017) im Rahmen einer Umfrage diese Fähigkeiten. Von den befragten Personen, die nicht explizit für HR-Analytics eingestellt wurden, gaben nur 3 % der HR-Verantwortlichen an über ausgeprägte statistische Fähigkeiten zu verfügen. Der Erfolg der Etablierung von HR-Analytics im Unternehmen hängt jedoch gerade stark davon ab, wie weit die Fähigkeiten der Mitarbeiter in diesem Bereich ausgebaut sind (Patre 2016). In einer weiteren Studie

F. Wirges et al., *HR-Analytics*, essentials,
https://doi.org/10.1007/978-3-658-27793-2_4

zeigte sich, dass nur 9 % sehr selbstbewusst an analytische Aufgaben herangehen, 42 % gaben dagegen an, nicht sicher zu sein, wie sie an analytische Bereiche herantreten sollen (Fairsail 2015). Dies führt dazu, dass die Entwicklung von HR-Analytics durch fehlendes analytisches Denken und Verständnis der Mitarbeiter behindert wird (Angrave et al. 2016). Ein denkbarer Grund hierfür sind beispielsweise Studierende, die sich für den HR-Bereich im Studium ausbilden lassen und statistische Module während ihres Studiums nicht belegen (Edwards und Edwards 2016). Der sichere Umgang mit Zahlen und Analysen ist in der Vergangenheit nicht unbedingt Aufgabe des Personalwesens gewesen und man konnte durchaus auch ohne diese Fähigkeiten erfolgreich sein (Strohmeier 2015). Viele HR-Verantwortliche haben sich bevorzugt für den HR-Bereich entschieden, um die Arbeit mit Daten zu umgehen (Ulrich und Dulebohn 2015) und sich auf menschliche Beurteilungen und Einschätzungen zu spezialisieren (Christ und Ebert 2016). Folglich verfügt die Mehrheit der Mitarbeiter in den HR-Bereichen zwar über eine betriebswirtschaftliche Qualifikation, jedoch nicht über die Kompetenzen in Statistik, Mathematik und Informatik (Christ und Ebert 2016). Die bereits begonnene Digitalisierung der Arbeitswelt erfordert jetzt neue Kompetenzen, darunter ein analytisches Denkvermögen und der sichere Umgang mit verflochtenen Datenmengen aus unterschiedlichen Datenquellen (Weigert et al. 2017). HR-Verantwortliche müssen Predictive Analytics auf den HR-Datenbestand anwenden und verstehen, wie die vorliegenden Ergebnisse zu interpretieren sind (Edwards und Edwards 2016). Der Unternehmenswert kann nur durch Menschen, die mit der bereitgestellten Software auch kompetent arbeiten, gesteigert werden (Fitz-enz und Mattox 2014). Fehlt ein vertieftes Verständnis in statistischen Bereichen und Informatik, wird ein HR-Verantwortlicher HR-Analytics nicht sinnvoll anwenden können (Petry und Jäger 2018). Die Autoren schlagen daher als möglichen Ansatz dieser Problematik entgegenzuwirken, den Einsatz von Self-Service-Business Intelligence-Lösungen (Abello et al. 2013) im Rahmen von HR-Analytics vor (Wirges 2019). Ziel dieser Self-Service-Business Intelligence-Lösungen ist es unter anderem, dass auch Menschen, die bisher keinen Kontakt zur Auswertung von Datenanalysen hatten, ohne viel Spezialwissen datengestützte Entscheidungen treffen können (Alpar und Schulz 2016). Laut Kobielus (2009) bietet Self-Service-Business Intelligence die folgenden drei wesentlichen Vorteile gegenüber klassischer Business Intelligence-Lösungen. Zum einen nimmt der Engpass der IT- und Datenspezialisten nicht zu, da alle Mitarbeiter die Möglichkeit haben, datenbasierte Berichte, KPI's oder Dashboards für ihre jeweiligen Anforderungen einzusehen und den bisher zuständigen Datenspezialisten mehr Zeit für anspruchsvollere Aufgaben zur Verfügung steht. Gleichzeitig reduziert es die Kosten, da weniger Fachleute für die Datenanalyse erforderlich sind. Und nicht zuletzt ist ein Unternehmen agiler, weil jeder Mitarbeiter die benötigten Informationen ohne weitere Hilfe selbst erstellen kann (Kobielus 2009).

Berücksichtigung sozialpsycholgischer Kontextfaktoren

Neben den Fähigkeiten und Kompetenzen, die es für den Einsatz von HR-Analytics bedarf, ist es von der Begeisterungsfähigkeit und Motivation der Mitarbeiter im HR-Bereich abhängig, wie erfolgreich HR-Analytics im Unternehmen sein kann (Vargas et al. 2018). HR-Verantwortliche müssen dazu bereit sein, den digitalen Wandel zuzulassen, um die Position des HR-Bereiches als strategischen Businesspartner im Unternehmen weiter zu stärken (Weigert et al. 2017). Die Voraussetzung für die Etablierung von HR-Analytics ist die Bereitschaft der Mitarbeiter, den Kenntnisstand zu digitalisierten Personalfunktionen auszuprägen und für zukünftige Technologien offen zu sein (Weigert et al. 2017).

Hierzu ist es notwendig, dass sowohl bestehende Jobprofile als auch der Aufbau eines HR-Bereiches neu gedacht werden müssen. Gelingt dies, können durch den Einsatz von HR-Analytics neue HR-Profile entstehen, die es zum jetzigen Zeitpunkt in Unternehmen noch nicht oder nur in Einzelfällen gibt.

Bislang assoziieren viele Mitarbeiter mit der Einführung von HR-Analytics einen Wegfall von Arbeitsplätzen und folglich macht sich Nervosität und Unsicherheit breit (Patre 2016). Zudem gibt es – wie bereits ausgeführt – HR-Verantwortliche mit geringem oder nur wenig Selbstvertrauen und Angst, wenn es darum geht, mit mathematischen und statistischen Analysen zu arbeiten (Vargas et al. 2018). Dies wird durch eine generelle Skepsis gegenüber HR-Analytics begleitet, da sich viele Mitarbeiter nicht vorstellen können, Menschen auf Zahlen zu reduzieren (Angrave et al. 2016).

Hinzu kommt, dass im HR-Bereich eine sozialpsychologische Komplexität mit einfließt, die von Daten nicht abgebildet werden kann (Petry und Jäger 2018). Dies führt dazu, dass HR-Analytics in der Diskussion steht, die Daten des HR-Bereiches missbräuchlich zu verwenden, was wiederum ethische Fragen aufwirft (Bassi 2011). Es wird befürchtet, dass es zu einer systematischen Ausforschung und Überwachung der Mitarbeiter kommt (Strohmeier 2015). HR-Verantwortliche sollten also nicht nur ihre statistischen Fähigkeiten ausbauen, sondern müssen noch weitere Perspektiven im Blick behalten, um letztendlich die richtige Entscheidung zu treffen (Patre 2016). Es gilt einen Ansatz zu entwickeln, der algorithmische Ergebnisse mit Feingefühl und Menschenkenntnis kombiniert (Patre 2016). Folglich dürfen HR-Verantwortliche sich nicht nur auf ihr Bauchgefühl verlassen, sondern sollten analytische und statistische Ansätze bei ihren Entscheidungen berücksichtigen (van den Heuvel und Bandarouk 2017). Allerdings überlassen zu viele Unternehmen die Entscheidungen zum Beispiel über das Einstellen von Talenten bislang der Intuition von HR-Verantwortlichen, ohne dass diese unterstützenden Informationen durch HR-Analytics mit einbeziehen (Harvard Business Review Analytic Services 2014).

Zusammenfassend lässt sich sagen, dass HR-Verantwortliche ein Gespür entwickeln müssen, wann die Auswertungen von HR-Analytics entscheidungsunterstützend herangezogen werden sollten und wann eine sozialpsychologische Betrachtungsweise überwiegt (Bassi 2011).

Der Umgang mit Daten und Datenschutz

Eine zentrale Herausforderung beim Einsatz von HR-Analytics sind die zu bearbeitenden Daten. Diese stellen die Grundlage jedes analytischen Arbeitens im HR-Bereich dar (Edwards und Edwards 2016) und bringen einige Anforderungen mit sich. So gaben etwa 124 von 230 HR-Verantwortlichen an, dass eine der größten Herausforderungen die inakkuraten, nicht konsistenten und schwer zu bekommenden Daten sind, um mit HR-Analytics effektiv zu arbeiten. Hinzu kommt, dass 37 % Probleme darin sehen, dass keine datenbasierte Auswertungsweise im Unternehmen stattfindet (Harvard Business Review Analytic Services 2014). HR-Analytics führt zu der Herausforderung an die Mitarbeiter, den richtigen Datenbestand aufzubauen und unterschiedliche Datenquellen zu verknüpfen (Holthaus et al. 2015). Neue Einsichten können nur dadurch erlangt werden, in dem viele Bereiche und Perspektiven zusammen betrachtet werden (Rasmussen und Ulrich 2015).

Die Grundlage einer analytischen Datenbearbeitung ist zunächst das Vorhandensein eines großen Datenpools, welcher aus Big HR-Data besteht. Big HR-Data beschreibt dabei eine sehr große zur Verfügung stehende Datenmenge des Personalbereichs, die sich aus den zuvor beschriebenen Bereichen ergibt. Anwender von Big HR-Data verlangen eine hohe Auswertungsgeschwindigkeit bei der Analyse und Übertragung der Datenmengen, um betriebliche Zusammenhänge schnell zu erkennen (Strohmeier 2017). Big HR-Data ist die Grundlage zur Bearbeitung der relevanten Fragen, die durch HR-Analytics beantwortet werden sollen.

Um einen spezifischeren Überblick über das Vorhandensein von Daten zu erlangen, es ist von Vorteil diese zu kategorisieren (vgl. Abb. 4.1). Einen möglichen Ansatz der Datenstrukturierung bietet Strohmeier (2015). Er unterteilt Daten im Rahmen von HR-Analytics in vier Kategorien: Strukturierung, Bereitstellung, Herkunft und Anonymität (Strohmeier 2015). Die folgenden Darstellungen der Kategorisierung von Daten beruhen auf den Gedanken von Strohmeier.

Daten			
	Strukturierung	strukturiert	unstrukturiert
	Bereitstellung	sekundär	primär
	Herkunft	intern	extern
	Anonymität	personenbezogen	anonym

Abb. 4.1 Kategorisierung von Daten. (Modifiziert nach Strohmeier 2015, S. 4)

Daten können entweder systematisch-strukturiert oder unstrukturiert in Textform auftreten (Strohmeier 2008). Strukturierte Daten sind im Personalwesen bisher häufiger vertreten und haben eine zentrale Bedeutung bei der Datenauswertung. Durch die einheitliche Struktur sind sie einfach für analytische Zwecke umzuwandeln und auszuwerten. Eine Mitarbeiterdatei besteht beispielsweise aus strukturierten Daten, die in den Datenfeldern eines Mitarbeiterdatensatzes abgelegt werden. Unstrukturierte Daten sind dagegen nicht einheitlich organisiert. Zu finden sind unstrukturierte Daten in Freifeldern zu Arbeitgeberbewertungen sowie in Inhalten von E-Mails oder in Bilddateien. Auch unstrukturierte Daten spielen eine bedeutende Rolle, da sie weitere wichtige Informationen generieren können und somit der Datenbestand wächst. Durch neue Technologien wie Text Analytics lässt sich auch diese Form der Datenstrukturierung auswerten (Strohmeier 2015).

Die Bereitstellung der Daten kann primär oder sekundär erfolgen. Primärdaten sind für den zu untersuchenden Analysezweck bereitgestellte Daten, während Sekundärdaten auf den Datenpool bereits bestehender interner oder externer Daten zugreifen. Interne Daten werden im Unternehmen selbst als Neben- oder Hauptprodukt erzeugt, wohingegen externe Daten von außerhalb bezogen werden (Strohmeier 2015).

Letztendlich kann die Anonymität der Daten noch in personenbezogene und anonyme Daten abgegrenzt werden. Der Unterschied liegt hierbei darin, ob durch die Daten Rückschlüsse auf natürliche Personen gezogen werden können. Alle Daten von (ehemaligen) Mitarbeitern werden gespeichert und sind im Personalsystem abgelegt (Christ und Ebert 2016). Auch wenn eine Auswertung personenbezogener Daten oft sinnvoll ist, müssen datenschutzrechtliche Grenzziehungen beachtet werden (Strohmeier 2015). Strohmeier (2017) stellt die Datenorganisation in fünf Schritten dar. Aufbauend auf der Informationsbedarfsanalyse folgt die Datenbereitstellung, Datenaufbereitung, die Datenanalyse und abschließend sollen die Daten zu einer Informationsverwendung führen (Strohmeier 2017).

Die **Informationsbedarfsanalyse** hat noch keinen Datenbezug, sondern soll sich mit der Herausarbeitung von betriebswirtschaftlichen Problembereichen und Zielen für die Zukunft beschäftigen (Rasmussen und Ulrich 2015). Durch die Konkretisierung dieser Ziele wird der Nutzen von HR-Analytics unterstrichen und die Frage geklärt, welche Informationen zur Verfügung stehen müssen (Strohmeier 2017). Diese Klärung der Relevanz von Daten bzw. des Bewusstseins des eigentlichen zu lösenden Problems (McIver et al. 2018) ist dahingehend auch von Bedeutsamkeit, dass HR-Analytics den versprochenen Mehrwert liefern kann und nicht zum Modetrend wird (Rasmussen und Ulrich 2015).

Als nächster Schritt folgt die **Datenbereitstellung.** Entgegen der Meinung einiger HR-Spezialisten sind viele Daten, die für HR-Analytics gebraucht werden, schon vorhanden (Fitz-enz 2013). Die Daten von denjenigen, die gegenwärtig im Unternehmen arbeiten und auch Informationen ehemaliger Mitarbeiter können bereits als Datenbestand für Analysen herangezogen werden (Liebig 2017). Diese müssen aber noch in einen Datenbestand zusammengefügt werden (Fitz-enz 2013), um mittels Analysesoftware wertvolle Ableitungen für das Personalwesen zu erlangen (Weigert et al. 2017). Einige Beispiele für verwertbare HR bezogene Daten sind Qualifikationen, absolvierte Weiterbildungen, Engagement, Zufriedenheit und Bezahlung (Edwards und Edwards 2016). Problematisch ist somit nicht, zu wenig Daten zur Verfügung zu haben, sondern dass es zu viele Daten gibt, mit denen man nicht weiß, was man tun soll (Edwards und Edwards 2016). Dies hat seine Ursache insbesondere in der exponentiell ansteigenden Datenmenge von unstrukturierten Daten (Strohmeier 2017). Damit sind viele Daten, die zur Verfügung stehen, schwer zu quantifizieren (Pease 2015). In einer Umfrage über den Einsatz von Predictive Analytics gaben nur 21 % bzw. 31 % der 373 Befragten an, neben strukturierten Daten auch unstrukturierte Daten aus Beiträgen der Mitarbeiter in sozialen Netzwerken oder internen Kommunikationskanälen zu nutzen (Halper 2014). Dies ist problematisch, da auch unstrukturierte Daten wichtige Informationen generieren können.

Laut Rasmussen und Ulrich (2015) ist es besonders wichtig, dass den HR-Verantwortlichen bewusst wird, dass es nicht darum geht, den größtmöglichen Datenbestand zu haben. Daten sollten so einfach und entscheidungsbezogen wie möglich gehalten werden, denn mehr Daten bedeuten nicht mehr Einsichten (Ulrich und Dulebohn 2015). Wichtig ist, dass man im Problemfall auf die richtigen entscheidungsunterstützenden Daten zugreifen kann (Rasmussen und Ulrich 2015). Ein schlichtes Datensammeln kann keinen Mehrwert erlangen, denn die einfache Existenz von Big HR-Data ist nicht mit personalwirtschaftlichem Nutzen gleichzusetzen (Strohmeier 2017). Dennoch gilt es, nicht das zu messen, was besonders leicht erfasst werden kann, sondern das Richtige zu messen, um den Zusammenhang zwischen HR-Tätigkeiten und HR-Ergebnissen aufzuzeigen (Ulrich und Dulebohn 2015). Diese Vorgehensweise soll verhindern, dass im HR-Bereich Datenfriedhöfe entworfen werden (Weigert et al. 2017). Die personalwirtschaftlich relevanten Daten können dann in ein gemeinsames Data Warehouse zusammengefügt werden (Piazza 2015). Dies hat den Vorteil, dass auf alle Daten über ein zentrales System zugegriffen werden kann (Piazza 2015).

Strohmeier (2017) beschreibt den nächsten Schritt als **Aufbereitung der Daten.** Die zusammengefügten Elemente müssen auf Fehlerquellen untersucht werden, um Schreibfehler, Duplikate und Falschwerte zu bereinigen. Außerdem ist es wichtig die Daten zu harmonisieren, indem zum Beispiel unterschiedliche Währungen angepasst werden. Diese Schritte sind notwendig, um mit dem wesentlichen Schritt der Datenanalyse fortzufahren (Strohmeier 2017). Durch ETL-Prozesse werden unstrukturierte Daten automatisch extrahiert und syntaktisch und semantisch bereinigt in das Data Warehouse eingefügt (Piazza 2015). Allerdings müssen Mitarbeiter auch diesen automatischen Vorgang überwachen, damit keine wesentlichen Informationen für die Datenanalyse verloren gehen (Strohmeier 2015).

Die **Datenanalyse** wird mit abfragenden, suchenden und mustererkennenden Abfragen durchgeführt, wie bereits in Kap. 2 ausgeführt wurde. Auch wenn es für die analytischen Abfragen schon fortgeschrittene Softwaretools gibt, nutzen die meisten Personalabteilungen, die bereits mit HR-Analytics arbeiten, noch Microsoft Excel (Pease 2015). Die gesammelten Daten aus Big HR-Data können bisher nur teilweise genutzt werden, da keine geeignete Analysesoftware zur Verfügung steht (Strohmeier 2017). Fehlende Investitionen in notwendige technische HR-Systeme geben 44 % als eine der drei größten Probleme zur Umsetzung von HR-Analytics an (Harvard Business Review Analytic Services 2014). Dabei sollen die HR-Verantwortlichen die Chancen von Big HR-Data und Predictive Analytics nutzen, um Wettbewerbsvorteile zu gewinnen, die weit über die Excel basierte Datenanalyse hinausgehen (Christ und Ebert 2016). Data Mining ist für mustererkennende Analysen und daraus resultierende prädiktive Aussagen besonders geeignet, wird in der Praxis jedoch sehr selten zur Datenauswertung herangezogen (Strohmeier 2015).

Der letzte Schritt, die **Informationsanwendung,** ist keinesfalls gleichzusetzen mit einer idealen Informationsversorgung, sondern ist eine Grundlage zur Entscheidungsunterstützung, die meist noch mit weiteren Auswertungen vertieft werden muss (Strohmeier 2015). Hierfür müssen neben dem technischen

Hintergrundwissen die Fähigkeiten von HR-Verantwortlichen vorhanden sein, die bereits diskutiert wurden. HR kann nur an Wert gewinnen, wenn von den Mitarbeitern die richtigen Fragen gestellt und Ergebnisse korrekt interpretiert werden (Rasmussen und Ulrich 2015).

Während der gesamten fünf Schritte ist auf den Datenschutz im Unternehmen zu achten. Durch die Arbeit mit HR-Analytics treten viele ethische Fragen auf, welche die Verarbeitung von personenbezogenen Daten betreffen (Bassi 2011). Das Risiko von Verletzungen der Privatsphäre wird durch die Auswertung personenbezogener Daten erhöht und ist durch das Bundesdatenschutzgesetz und andere Rechtsgrundlagen gesetzlich vereinbart (Holthaus et al. 2015). Auch die einleitend genannte Einführung der EU-DSGVO, die seit August 2018 verbindlich gilt, stellt speziell mitarbeiterbezogene Daten unter besonderen Schutz. Der Datenschutz der Mitarbeiter muss von den HR-Verantwortlichen während des gesamten Prozesses gewährleistet sein und bewusst als Herausforderung wahrgenommen werden. Hauptsächlich geht es darum, dass Mitarbeiter nicht in ihrem Grundrecht zur informationellen Selbstbestimmung verletzt werden (Gola 2015). Eine Gemeinschaftsstudie von den Bitkom Servicegesellschaften mbH und Kienbaum (2016) zum Thema „Datenschutz im Personalwesen" hat ergeben, dass nur jeder vierte HR-Verantwortliche sich sicher ist, den Anforderungen des Datenschutzes immer zu entsprechen. Gleichzeitig wächst das Bewusstsein, dass Datenschutz in der Folge der Digitalisierung zukünftig eine hohe Bedeutung einnehmen wird (Olsok et al. 2016). HR-Verantwortliche fürchten bei Datenschutzverstößen unter anderem eine Verschlechterung der Arbeitgebermarke und des Images, sowie einer sinkenden Akzeptanz des HR-Bereiches bei den Beschäftigten (Olsok et al. 2016). Dieses potenzielle negative Image des HR-Bereiches führt folglich zu einer weniger selbstbewussten Umsetzung von HR-Analytics Projekten (Weigert et al. 2017). Die Anforderungen zum Datenschutz in Deutschland bestehen aus Datensparsamkeit, Löschung nicht benötigter Daten und einer zweckgebundenen Verarbeitung personenbezogener Daten (Petry und Jäger 2018). HR-Verantwortliche müssen außerdem Transparenz gegenüber den Mitarbeitern schaffen, besonders bei der Erhebung von Daten, die ursprünglich einen anderen Zweck verfolgt haben (z. B. Mitarbeiterbefragungen) (Liebig 2017). Ergänzend dazu muss der Betriebsrat zur automatisierten Datenverarbeitung als Rechtsmäßigkeits- und Wirkungsvoraussetzung zustimmen (Gola 2015). Ebenso muss das Unternehmen einen Datenschutzbeauftragten einstellen, wenn der HR-Bereich mit mehr als 9 Mitarbeitern ausgestattet ist. Seine Aufgabe ist es, die ordnungsgemäße Anwendung von Verarbeitungsprogrammen zu überprüfen und er muss vor einer Implementierung von HR-Analytics von der Personalabteilung herangezogen werden (Gola 2015). Zusammenfassend lässt sich sagen, dass als Grundlage für einen verantwortungsvollen und wertschöpfungsorientierten Umgang mit HR-Analytics ein ganzheitliches Datenschutzkonzept entwickelt werden muss.

Überzeugung der Unternehmensführung

Neben den individuellen Fähigkeiten der Mitarbeiter, den sozialpsychologische Kontextfaktoren, dem Umgang mit Daten und dem Datenschutz liegt eine weitere Herausforderung bei der Implementierung und Anwendung von HR-Analytics in der Überzeugung der Führungsetage. Um dies zu erreichen, finden sich in der Literatur unterschiedliche Ansätze, die jedoch eines gemeinsam haben: es gilt die Daten in übersichtlicher und verständlicher Art und Weise darzustellen (Fitz-enz 2013). Die Wichtigkeit dieser Fähigkeit wird dadurch unterstrichen, dass 27 % der Studienteilnehmer des Harvard Business Review Analytic Services angaben, dass HR-Verantwortliche nicht wissen, wie man über HR bezogene Daten berichten kann, um sie mit den Geschäftsergebnissen in Beziehung zu setzen (Harvard Business Review Analytic Services 2014). Ein Ansatz ist es, den Bericht als Geschäftsgeschichte aufzuarbeiten (Fitz-enz 2013; Knaflic 2015), um die Aufmerksamkeit der Führungsetage zu erlangen und diese so davon zu überzeugen, (weiteres) Budget für HR-Analytics zur Verfügung zu stellen (Rasmussen und Ulrich 2015). Dazu muss die Führungsetage von den Zielen und dem Gebrauch von HR-Analytics überzeugt werden (Ulrich und Dulebohn 2015). Der Bericht sollte dazu einfach und interessant sein und gleichzeitig neue Einsichten hervorbringen (Fitz-enz 2013). Komplexe Personalszenarien können, heruntergebrochen auf die wichtigsten Daten, als entscheidungsunterstützende Grundlage dienen, um die Unternehmensführung zu überzeugen (Berendes et al. 2016). Hierzu müssen ihnen Entscheidungen vorgelegt werden, die unterstützt durch HR-Analytics getroffen werden können und einen wichtigen Mehrwert ins Unternehmen bringen können (Ulrich und Dulebohn 2015). So könnte beispielsweise gezeigt werden, dass durch eine Einführung von datengestützten Entscheidungssystemen eine Verbesserung des Talentmanagements, verbunden mit einem positiven Effekt auf die Wertschöpfung eines Unternehmens (Harvard Business Review Analytic Services 2014), erzielt werden kann.

5 Handlungsempfehlungen für den Einsatz von HR-Analytics

HR-Analytics im Unternehmen effektiv zu integrieren liegt letztlich an den HR-Verantwortlichen. Bisher bildet HR-Analytics eine Funktion, die nur in wenigen Köpfen der Führungsetage angelangt ist (Pease 2015). Die Vorbereitung von Mitarbeitern auf die digitale Transformation wird von Führungskräften aus dem HR-Bereich allerdings in Deutschland mit 34 % als drittwichtigstes HR-Thema für die Zukunft angegeben (Schabel 2017). Was tun? Abwarten und den Markt und die Konkurrenten zu beobachten oder selbst aktiv werden und HR-Analytics etablieren (Pease 2015)? Sollte die Entscheidung auf letzteres fallen, dann muss ausgehend von den Strukturen des Unternehmens eine passgenaue Lösung für den individuellen Fall entwickelt werden. Die nun folgenden Handlungsempfehlungen sind somit ein Leitfaden für die Einführung und Anwendung von HR-Analytics im Unternehmen.

Schritt 1: Schaffen Sie ein Bewusstsein in den Köpfen
Eine globale Studie von Deloitte (2017) zeigt auf, dass 71 % der über 10.400 befragten Führungskräfte HR-Analytics als wichtigen Trend begriffen haben (Deloitte University Press 2017b), auch wenn es bisher nur wenige Erfolgsgeschichten von HR-Analytics gibt (Baesens et al. 2017). Der Trend zur Digitalisierung von HR-Prozessen wird also steigen und die Herausforderungen der Arbeitsteilung zwischen Menschen und Maschinen müssen daher bewusst wahrgenommen und überwunden werden. Außerdem müssen Wege gefunden werden, um mit dem Digitalisierungstempo des übrigen Unternehmens mithalten zu können, damit HR nicht den Anschluss an die strategische relevante digitale Ausrichtung des Unternehmens verliert. Bislang lag der Fokus auf klassischem Personalcontrolling, in seltenen Fällen auf dem strategischen Einbezug von Descriptive Analytics. Ziel sollte es sein, den Fokus der Datenbearbeitung auf

F. Wirges et al., *HR-Analytics*, essentials,
https://doi.org/10.1007/978-3-658-27793-2_5

Predictive Analytics zu legen und dadurch fortgeschrittene und komplexe Unternehmensherausforderungen zu bearbeiten, statt sich nur auf HR bezogene Inhalte zu konzentrieren (van den Heuvel und Bandarouk 2017). Wenn ein solches Bewusstsein geschaffen ist, kann gezeigt werden, dass mit Hilfe von HR-Analytics messbare Verbesserungen der Unternehmensleistung entstehen können (van den Heuvel und Bandarouk 2017).

Gleichzeitig sollte das Bewusstsein der HR-Verantwortlichen dahingehend gestärkt werden, dass der Einsatz von HR-Analytics nicht als Vorwand verwendet wird, den Menschen als austauschbareres Objekt anzusehen (Davenport et al. 2010). Insbesondere muss bei der Lösung des Konflikts zwischen den bisherigen Fähigkeiten der Mitarbeiter und den Kompetenzen, die HR-Analytics einfordert, darauf geachtet werden, dass das Wort „human" in HR nicht vergessen wird (Rasmussen und Ulrich 2015). HR-Analytics sollte also den HR-Verantwortlichen schwierige Entscheidungen durch qualitativ hochwertige Befunde erleichtern (Rasmussen und Ulrich 2015), sie ihnen aber nicht abnehmen.

Schritt 2: Überzeugen Sie die Unternehmensführung

Um gleichzeitig eine optimale Integration von HR-Analytics im Unternehmen zu gewährleisten und die Unternehmensführung vom Nutzen zu überzeugen, empfiehlt sich eine Betrachtung von außen nach innen (Rasmussen und Ulrich 2015). Am Anfang sollten nicht die Daten stehen, sondern die Herausforderungen, über die man später Entscheidungen treffen muss (Ulrich und Dulebohn 2015). Ausgehend von dem Bewusstsein für HR-Analytics sollte sich die Personalabteilung folgende Fragen stellen: Wie steht die HR-Abteilung bezogen auf den Analytics-Reifegrad im Verhältnis zu anderen Funktionen des Unternehmens da? Was sind die größten Problembereiche, denen HR gegenübersteht und wie können Daten dabei unterstützen? Dabei sollte mit den größten drei bis fünf Problembereichen begonnen werden, mit denen sich die Personalabteilung in Zukunft konfrontiert sieht (Rasmussen und Ulrich 2015). Diese kritische Analyse ist die Grundlage für die Überzeugung der Unternehmensleitung, in dem sie hilft Argumente aus einer Kombination aus Businessrelevanz, Verbesserungspotenzial und Qualität der verfügbaren Daten zu entwickeln (Werther und Bruckner 2018). Im Vordergrund stehen hier „Zahlen" (Fitz-enz 2013). Die bekannteste und weit verbreitete Messung für erfolgreiche Investitionen ist der Return of Investment (ROI). Um den ROI von einer Investition in HR-Analytics darzustellen und somit beispielsweise zu beweisen, dass eine Erhöhung des Engagements sich positiv im ROI zeigt, sollten HR-Verantwortliche einige Schritte verfolgen (Phillips 2015). Ziel ist es, der Geschäftsleitung aufzuzeigen, was die einzelnen Zahlen von HR für den Unternehmenserfolg bedeuten (Harvard Business Review

Analytic Services 2014) und dabei die Relevanz für das gesamte Unternehmen herauszuarbeiten (Werther und Bruckner 2018). Es geht darum, die Beziehungen zwischen Daten aufzuzeigen und lohnenswerte Investitionen kenntlich zu machen (Fitz-enz und Mattox 2014). Phillips (2015) hat den Weg zur überzeugenden Darstellung der strategischen Arbeitsweise der HR-Abteilung anhand eines Beispiels zu Engagement vorgestellt. Beginnend ist das Ziel des HR- Verantwortlichen, Budget für Projekte zu erlangen, die das Engagement von Mitarbeitern erhöhen sollen. Die Unternehmensführung wird folglich daran interessiert sein, welche Auswirkungen die Steigerung des Mitarbeiterengagements auf den Unternehmenswert hat, also den Geldwert der Investition. Nun muss der HR-Verantwortliche einen Bezug zwischen Engagement und monetären Ergebnissen vorstellen. Durch Descriptive Analytics und in Bezug setzen dieser Bereiche ergibt sich, dass ein wachsendes Engagement zu höheren Erfolgen pro Mitarbeiter führt. Die Auswertung sollte auf einer großen Datenmenge beruhen, die auch über Jahre angesammelt worden sein kann. Dies zeigt der Unternehmensführung, wie verlässlich die Datenqualität ist. Nun kann der HR-Verantwortliche daraus Schlussfolgerungen ziehen, was eine Steigerung des Engagements zukünftig auch für andere Problembereiche des Unternehmens bedeuten könnte und welche Auswirkungen das letztendlich auf den ROI hat (Phillips 2015).

Allerdings wird der Ansatz den ROI als Mittelpunkt von HR-Messungen zu sehen, auch kritisch diskutiert (Bassi 2011). Damit wird oft der Wert einer Investition bewiesen. Im Bereich HR-Analytics liegt der Fokus aber nicht unbedingt auf dem ROI der Personalabteilung an sich, sondern auf der Performance des gesamten Unternehmens (Bassi 2011). Um letztlich die Unternehmensführung von HR-Analytics zu überzeugen, müssen andere Fragen gestellt werden (Rasmussen und Ulrich 2015). So sollte die Ausgangsfrage nicht lauten: Was ist der ROI unserer Weiterbildungsprogramme, sondern: Wie können wir die technischen Fähigkeiten unserer Mitarbeiter schneller und besser als der Markt verbessern, um uns durch den aufsteigenden Markt von HR-Analytics einen Wettbewerbsvorteil zu verschaffen? (Rasmussen und Ulrich 2015).

Schritt 3: Schaffen Sie die notwendige Kompetenz

In der Literatur gibt es zwei unterschiedliche Ansätze, wie mit den zum Teil fehlenden Fähigkeiten in Statistik, Informatik und Mathematik der HR-Verantwortlichen umgegangen werden kann. Es herrscht keine einheitliche Meinung, welcher dieser Ansätze zu präferieren ist, da der spezifische Kontext des jeweiligen Unternehmens berücksichtigt werden muss. Zusammenfassend liegt die Herausforderung darin, dass viele HR-Verantwortliche zu wenig Verständnis in der analytischen Auswertung und im Umgang mit Big HR-Data haben, während reine Analytiker den HR-Bereich nicht verstehen (Angrave et al. 2016).

Der erste Ansatz setzt bei den Mitarbeitern an. Es wird davon ausgegangen, dass die Führungskräfte der HR-Abteilung ihren Mitarbeitern ein Gefühl der Selbstsicherheit gegenüber der veränderten Herangehensweise an Entscheidungsfindungen durch den Einsatz von HR-Analytics geben sollen (Vargas et al. 2018). So wird das Spannungsverhältnis zwischen dem Mehrwert des Gebrauchs und den ethischen Bedenken sowie den Kompetenzen der Mitarbeiter gelockert. HR-Verantwortliche bekommen ein positives Gefühl beim Arbeiten mit HR-Analytics und die Akzeptanz dafür steigt (Vargas et al. 2018). Dies soll verhindern, dass die Personalabteilung an HR-Analytics scheitert, weil die Mitarbeiter HR-Analytics gar nicht einführen wollen und sich mit der Software nicht auseinandersetzen (Fitz-enz und Mattox 2014). Die Durchführung von Weiterbildungsprogrammen (Patre 2016) lässt zudem die Selbstwirksamkeit steigen (Vargas et al. 2018). Die Autoren haben dazu einen mehrstufigen Prozess entwickelt, der einen an die jeweilige HR-Abteilung angepassten Weg zur Einführung HR-Analytics ermöglicht. In einem ersten Schritt soll der Status-Quo rundum HR-Analytics analysiert werden. Dies kann anhand diverser Fragen erfolgen, die dabei helfen sollen, die Kompetenzen hinsichtlich des HR-Analytic-Reifegrades zu konkretisieren.

Fragen zur Einschätzung des Reifegrades

- Welche Kompetenzen weist der HR-Bereich rund um die Datenanalyse bereits auf?
- Inwieweit werden Daten in HR-relevante Entscheidungen mit einbezogen?
- Mit welchen Daten wurde bereits gearbeitet? Welche Daten werden erfasst?
- Welche technischen Lösungen zur Anwendung von HR-Analytics sind im Unternehmen bereits vorhanden?

Ausgehend von dieser Analyse lassen sich drei grundlegende Arten von HR-Analytics-Reifegraden unterscheiden.

Reifegrad I tritt dann auf, wenn weder der Wille noch die Kompetenzen bei den HR-Verantwortlichen vorhanden sind, um HR-Analytics in den HR-Bereich zu integrieren. Der erste Schritt sollte hierbei sein, das Thema der datengestützten Entscheidungsfindung den HR-Verantwortlichen näher zu bringen und den Willen des Einsatzes zu stärken. Laut Rasmussen und Ulrich (2015) sind viele HR-Verantwortliche zwar nicht in den Personalbereich gegangen, um mit Statistiken zu arbeiten, allerdings wächst bei einigen bereits die Neugierde für dieses

Gebiet. Immer mehr Mitarbeiter haben Interesse daran, sich diese Fähigkeiten anzueignen, nachdem sie bei anderen Unternehmen gesehen haben, wie es ihre Geschäftstätigkeiten erleichtern kann (Rasmussen und Ulrich 2015). Hierzu ist es von Vorteil HR-Verantwortlichen anschauliche Beispiele aus anderen Unternehmensbereichen, die bereits mit datengestützter Entscheidungsfindung arbeiten, vorzustellen und gezielt auf die Vorteile für den Arbeitsalltag eingehen. Neben grundlegenden Analytics Trainings, ist es zudem besonders wichtig sich auf die individuelle Betreuung des Teams und der Führungskraft zu fokussieren und die Verantwortung für analytische Tätigkeiten an den individuellen Stärken der Mitarbeiter auszurichten (Vargas et al. 2018).

Lässt sich auch nach einiger Zeit keine Veränderung der Grundeinstellung feststellen, lohnt sich die Überlegung der Einführung eines speziellen Teams für den Einsatz von HR-Analytics. Viele Autoren unterstützen die These, dass die Integration eines Teams mit speziellen IT-Kenntnissen ein wichtiger Erfolgsfaktor für die Einführung von HR-Analytics ist (Deloitte University Press 2017a). Dies wird dadurch unterstrichen, dass viele große Unternehmen, wie Google, Intel und Tesco, HR-Analytics Teams eingeführt haben, um tiefere Einsichten in die Arbeitsweisen und Ergebnisse der Mitarbeiter zu bekommen (Davenport et al. 2010). Hierbei läuft man jedoch die Gefahr, dass der HR-Bereich und das neugebildete HR-Analytics Team gegeneinander arbeiten. Sollte ein Analytics Team gebildet werden, ist darauf zu achten, dass dieses die strategischen Ziele der Personalabteilung unterstützt und fördert (Laursen und Thorlund 2017). Außerdem sollte sich die Einführung eines spezialisierten Analytics Teams positiv auf den Erfolg auswirken, wobei man die individuellen Verhältnisse eines Unternehmens betrachten und Kosten gegen Nutzen abwägen sollte (Laursen und Thorlund 2017). Es ist gilt zudem zu berücksichtigen, dass das Analytics Team interdisziplinär aufgestellt sein sollte, da auf den unterschiedlichen Prozessstufen eines Analytics Projektes unterschiedliche Fähigkeiten gefordert sind.

Denn um letztlich einen Mehrwert mit einem Analytics Projekt zu erzielen, bedarf es mehr als die Fähigkeiten eines Datenanalysten. Fähigkeiten aus dem Projektmanagement, Fachwissen aus dem HR-Bereich, Design der Analyseergebnisse und Storytelling sollten in jedem Analytics Team vorhanden sein, um das Potenzial vollends auszuschöpfen. Es gilt zu definieren, welche Mitglieder des Teams zu welcher Zeit des Projektes beteiligt sind bzw. wer Haupt- und Nebenrollen einnimmt (Berinato 2019).

Reifegrad II lässt sich dann feststellen, wenn ein prinzipielles Verständnis und die Begeisterung für HR-Analytics vorhanden ist, aber das konkrete anwendbare Wissen fehlt. Befindet sich die HR-Abteilung in dieser Reifegradstufe, sollte neben Weiterbildungsprogrammen für ein Grundlagenverständnis in einem ersten Schritt der Weg einer Self-Service-Business-Intelligence Lösung gesucht werden, auf welche bereits in Kap. 4 genauer eingegangen wurde. Hierbei kann der HR-Bereich die datengestützte Entscheidungsfindung ohne vertiefte bzw. mit geringeren Kenntnissen schnellstmöglich anwenden. Zeitgleich sollte man in Anlehnung an Reifegrad I, Mitarbeiter mit fundiertem Wissen aus anderen Unternehmensbereichen in den HR-Bereich integrieren. Diese können für fortgeschrittene statistische Aufgaben im HR-Bereich eingesetzt werden und dadurch als Wissensmultiplikator für HR-Verantwortliche dienen (Patre 2016). Im Gegensatz zu Reifegrad I werden diese fest in die Aufgabenbereiche der HR-Abteilung mit eingebunden. Zudem schlagen Rasmussen und Ulrich (2015) vor, dass eine Einteilung in 20-60-20 Gruppen gemacht werden kann. Dabei wird davon ausgegangen, dass sich die Mitarbeiter in verschiedenen Gruppen mit jeweils fortgeschrittenen analytischen Fähigkeiten befinden. 20 % verstehen die neue Arbeitsweise sehr schnell, 60 % können die Fähigkeiten erlernen und die übrigen 20 % werden es sehr schwer haben diese Arbeitsweise zu lernen und jemals anzuwenden. Fokussieren sollte man sich bei Weiterbildungsmaßnahmen auf die ersten beiden Gruppen (Rasmussen und Ulrich 2015). Daraus folgt eine Einteilung der Mitarbeiter in verschiedene analytische Rollen, was einen erleichterten Einstieg der gesamten Abteilung in die Arbeit mit HR-Analytics ermöglicht (Vargas et al. 2018). Bei Mitarbeitern, die ein geringeres Grundverständnis in statistischen Bereichen haben, dafür aber viel Erfahrung und Verständnis im Personalbereich mitbringen, ist es ratsam, ihnen die Entscheidungen über die Auswertungen der Statistik zu überlassen und nur grundlegende Modellkenntnisse zu verlangen (Vargas et al. 2018). Analog zu Reifegrad I sollte auch hier geschaut werden, ob HR-Verantwortliche mit geringen statistischen Fähigkeiten in einer anderen Position des Analytics Teams besser eingesetzt sind, um so den Datenanalysten mehr Raum für ihre eigentlichen Stärken zu geben (Berinato 2019).

Reifegrad III tritt dann auf, wenn sich feststellen lässt, dass der HR-Bereich grundlegende bis vertiefte Daten-Kompetenzen hat und sich die Mehrzahl der Mitarbeiter für die Arbeit mit Daten begeistert. In diesem Fall lohnt es sich vorwiegend Weiterbildungsprogramme anzubieten, um die vorhandenen analytischen Kompetenzen zu stärken. In einem weiteren Schritt – soweit dies noch nicht geschehen ist – sollte die Struktur der HR-Abteilung so verändert werden, dass die datengestützte Entscheidungsfindung in allen Funktionen des HR-Bereiches integriert wird. Das Ergebnis sollte ein HR-Analytics Team sein, welches auf den bestehenden internen Kompetenzen und Ressourcen aufbaut, d. h. es wird nicht wie in Reifegrad I extern integriert. Damit wird die Grundlage für tiefergehende und komplexere Analysen geschaffen. Ein Analytics Team, das nicht nur HR spezifische Daten auswertet, sondern eine Verknüpfung mit Daten aus anderen Unternehmensbereichen eingeht (Rasmussen und Ulrich 2015). In diesem Fall erfolgt eine Weiterentwicklung von HR-Analytics zu People Analytics (siehe auch Kap. 2). Für HR-Verantwortliche sind die Daten anderer Unternehmensbereiche allerdings oft noch unzugänglich (van den Heuvel und Bandarouk 2017), daher muss hier ein Weg geschaffen werden, auf diese Daten zugreifen zu können.

Daher betont Angrave et al. (2016), dass die Ausweitung der analytischen Aufgaben über die Grenzen des HR-Bereiches hinaus diskutiert werden sollte. Sofern die Analytik nicht in ein vollständiges und umfassendes Analysemodell eingebettet ist, können die in Dashboard-Formaten verfügbaren, eingeschränkteren Informationen von Betriebs- und Finanzmanagern mit eingeschränkter Geduld oder Verständnis für HR falsch interpretiert werden. Auch wenn HR-Analytics, ausgehend von der Personalabteilung und auf der Basis von HR-Daten, nur limitierte Informationen geben kann, könnten viele Informationen von Führungskräften anderer Abteilungen ohne Verständnis für HR falsch eingeschätzt und missinterpretiert werden. Es muss verhindert werden, dass HR-Analytics zu einer Verringerung von Ergebnisqualität und bestehendem Engagement der Mitarbeiter führt. Als Beispiel wird in der Literatur die Schichtplanung angeführt. Wenn hierbei eine Algorithmen basierte Software benutzt wird, können Probleme entstehen: Bei einer Reduzierung von Mitarbeiterkosten durch Minimierung von Beschäftigungszahlen kann die Qualität der Arbeit leiden, was sich in den Ergebnissen negativ widerspiegelt. Folglich muss die ausgewertete optimale Lösung, die von der HR-Software ausgegeben wird, schon in den Annahmen (wie fälschlicherweise z. B., dass es sich bei den Arbeitskosten um kontrollierbare Kosten handelt), auf denen das Modell beruht, von HR-Spezialisten überprüft werden (Angrave et al. 2016). Um einen sinnvollen Lösungsansatz darzustellen, sollten die Daten, auf die sich die Software bezieht, außerdem immer wieder überprüft werden (Baesens et al. 2017). Diese Annahmen und Modelle können kurzzeitig korrekte Aussagen treffen, die aber nach einiger Zeit immer wieder mit der Realität abgeglichen werden müssen (Baesens et al. 2017).

Schritt 4: Setzen Sie das Thema Datenschutz in den Fokus

Mit der schnell ansteigenden Datenmenge von Big HR-Data aus dem Unternehmen oder externen Quellen (van den Heuvel und Bandarouk 2017), muss das Unternehmen ein Datenschutzkonzept erstellen (Holthaus et al. 2015). So zeigt eine Gemeinschaftsstudie von Bitkom consult und Kienbaum (2016), dass

92 % aller Befragten dem Datenschutz eine sehr hohe Bedeutung in der Zukunft zusprechen (Olsok et al. 2016).

Um Geschäftsdaten für gesteigerte Unternehmenserfolge zu verwenden, müssen in der Personalabteilung die Grenzen zu personenbezogenen Daten klar abgegrenzt werden (van den Heuvel und Bandarouk 2017). Ein Weg, diese Schwierigkeit zu umgehen, ist die Anonymisierung der Daten (Petry und Jäger 2018). Angaben, die keine Rückschlüsse auf eine bestimmte Person zulassen, fallen nicht in den Schutzbereich des Bundesdatenschutzgesetzes (Gola 2015). Neben direkt anonym erhobenen Daten, wie bei anonymen Mitarbeiterbefragungen, können Informationen auch nachträglich anonymisiert werden (Gola 2015). So umgeht man die Löschung des gesamten Datenbestands nach den vorgegebenen Löschfristen und kann weiter mit den Daten arbeiten, auch wenn sie keine Rückschlüsse auf einzelne Personen mehr zulassen (Gola 2015). Allerdings schränkt eine Datenanonymisierung auch zahlreiche Verwendungszwecke ein, bei einigen Daten ist die Anonymisierung außerdem nicht möglich (Strohmeier 2015). Infolgedessen ist eine datenschutzrechtliche Prüfung des Bestands weiterhin notwendig (Strohmeier 2015).

Einen Ansatz dafür liefern Holthaus et al. (2015) mit einem dualen Datenschutzkonzept, welches den Datenschutz in der Kultur des Unternehmens verankern soll. Das duale Datenschutzkonzept besteht aus zwei Säulen: die technisch-organisatorischen Maßnahmen und die strategisch-organischen Maßnahmen. Die erste Säule soll Zutrittsbeschränkungen gewährleisten, um technische Barrieren für den Schutz persönlicher Daten zu garantieren (Strohmeier 2015). Fehlen die technisch-organisatorischen Datenschutzmaßnahmen, verstößt die Anwendung von HR-Analytics gegen gesetzliche Auflagen. Um den Mitarbeitern und Führungskräften den Datenschutz als grundsätzliche und nachhaltige Aufgabe zu vermitteln, rundet die zweite Säule der strategisch-organischen Maßnahmen das duale Datenschutzkonzept ab. Diese zielen darauf ab, den Respekt der Privatsphäre der Mitarbeiter in die Unternehmenskultur mit den bereits bestehenden Werten zu verankern. Dadurch soll eine Sensibilisierung der HR-Verantwortlichen erfolgen und der Datenschutz als Selbstverständlichkeit im Arbeitsalltag eingeführt werden (Holthaus et al. 2015).

Schritt 5: Finden Sie die passende Software für Ihre Daten

Die Herausforderungen zur Datenorganisation, die bereits angesprochen wurden, sind eine kontinuierliche Aufgabe für Unternehmen (Pease 2015). Warum? Erstens können datenbasierte Analysen nur dann nützlich sein, wenn sie auf qualitativ hochwertigen Daten aufbauen (Deloitte University Press 2017b). Allerdings wird die Qualität der Daten von HR-Analytics noch von 36 % der Unternehmen als schlecht bewertet (Deloitte University Press 2017a). Daher sollte bei Anfangsschwierigkeiten auf Hilfe aus anderen Abteilungen zurückgegriffen werden, die schon länger mit komplexen Datenquellen arbeiten (Pease 2015). Zweitens muss sich immer wieder vor Augen geführt werden, dass der Datenpool nie vollends perfekt organisiert sein wird. Es ist ein Teil der Aufgaben von HR-Analytics mit den Daten umzugehen, die vorhanden sind und daraus Ergebnisse zu erarbeiten (Pease 2015), diese kritisch zu reflektieren und an der ständigen Verbesserung der Datenbasis zu arbeiten.

Eine wichtige Entscheidung stellt die Auswahl der Software dar. Aral et al. (2012) konnte empirisch nachweisen, dass Unternehmen, die HR-Analytics einsetzen, aber keine hierfür entwickelte Software gebrauchen, auch keine Effekte erzielen (Aral et al. 2012). Daher soll, ausgehend vom Informationsbedarf und den tatsächlich zur Verfügung stehenden Daten, entschieden werden, welche Software am geeignetsten für die HR-Abteilung ist (Strohmeier 2017). Mittlerweile gibt es viele Softwarelösungen, wobei hier exemplarisch nur zwei genannt werden sollen. hiQ Labs kann die Stimmung von Mitarbeitern anhand von Aktivitäten in den sozialen Medien bestimmen; Kanjoya analysiert hingegen Freitexte nach bestimmten Themen, um eine Diagnose über Probleme mit Führungskräften und des Mitarbeiterengagements herauszuarbeiten (Bersin 2016).

HR-Analytics – ein Ausblick 6

Im Zeitalter der Digitalisierung und der konstanten Weiterentwicklung neuer Technologien wird die Arbeit der Mitarbeiter in den HR-Abteilungen spannender, herausfordernder und vor allem eines: datenbasierter.

Die Arbeit mit HR-Analytics erfordert neue Kompetenzen der Mitarbeiter. Neben analytischen Fähigkeiten müssen HR-Verantwortliche ein Gefühl dafür entwickeln, welche Unternehmensprozesse durch HR-Analytics standardisiert werden können und bei welchen Entscheidungen es auf Fähigkeiten ankommt, die nicht durch Algorithmen abgebildet werden können. Wichtig ist, die Motivation der Mitarbeiter hoch zu halten und ihnen ein sicheres und positives Gefühl beim Umgang mit HR-Analytics zu vermitteln. Eine Ausrichtung an den Stärken der Mitarbeiter ist dabei eine vielversprechende Maßnahme. Um die Mitarbeiter dabei nicht in das kalte Wasser zu werfen, wurde der Ansatz Self-Service-Business Intelligence aufgezeigt. Dieser Ansatz hilft insbesondere dann, wenn eine gleichzeitige Entwicklung von technologischer Machbarkeit und Kompetenzen im HR-Bereich als schwierig gesehen wird. Jedoch bedarf es auch hier noch weiterer Forschung, um diese Lösungen für den speziellen Einsatz von HR-Analytics optimal zu gestalten.

Eine professionelle Datenorganisation ist die Grundlage für eine erfolgreiche Anwendung von HR-Analytics. Hier zählt mehr die Qualität der Daten, als eine mögliche Quantität durch stetig wachsende Datenpools. Nur mit einer organisierten Datengrundlage lassen sich Analysen erarbeiten, die einen Mehrwert schaffen und die Geschäftsleitung überzeugen können.

Die Digitalisierung von Unternehmensprozessen wird in naher Zukunft einen immer größeren Stellenwert einnehmen. Somit sollten sich HR-Verantwortliche den Chancen von HR-Analytics bewusst sein. Trotz der teilweise gespaltenen Meinungen zu HR-Analytics in Wissenschaft und Praxis und bisher wenigen

F. Wirges et al., *HR-Analytics*, essentials,
https://doi.org/10.1007/978-3-658-27793-2_6

evidenzbasierten Erfolgen, bleibt HR-Analytics einer der Top Trends in der Personalwirtschaft.

Zukünftig könnte der Begriff HR-Analytics vom Begriff „People Analytics“ abgelöst werden. Damit werden sich die analytischen Aufgaben aus dem Personalbereich lösen und in eine große analytische Einheit des Unternehmens verschieben. HR-Verantwortliche sollten sich daher intensiv mit der Thematik auseinandersetzen, um HR-Analytics in Zukunft in das strategische Konzept ihrer HR-Strategie zu integrieren. Dazu bedarf es keiner gesonderten Betrachtung, sondern ein gezielter und ganzheitlicher Umgang mit HR-Verantwortlichen und Führungskräften. Der in diesem Buch dargelegte Ansatz der drei unterschiedlichen Reifegrade bietet dabei eine erste Grundlage die eigene Organisation einzuordnen und entsprechend des jeweiligen Reifegrades Maßnahmen für die erfolgreiche Implementierung von HR-Analytics zu treffen. Mit Hilfe diese Einordnung kann es gelingen, dass die Einführung von HR-Analytics auf die Kompetenzen der HR-Verantwortlichen des HR-Bereiches abgestimmt werden kann. Wir wünschen Ihnen viel Erfolg und viel Spaß bei den ersten HR-Analytics Pilotprojekten unter der Berücksichtigung der jeweiligen Heraus- und Anforderungen der Organisation.

Was Sie aus diesem *essential* mitnehmen können

- Verdeutlichung der Relevanz von HR-Analytics für Unternehmen
- Einen detaillierten Überblick über die grundlegenden Aspekte von HR-Analytics
- Eine Möglichkeit zur Einschätzung des Reifegrades und Handlungsempfehlungen zur Implementierung von HR-Analytics im Unternehmen
- Einen Ausblick auf weitere Methoden zur Anwendung von HR-Analytics

F. Wirges et al., *HR-Analytics*, essentials,
https://doi.org/10.1007/978-3-658-27793-2

Literatur

Abello, A., Darmont, J., & Etcheverry, L. (2013). Fusion cubes: Towards self-service business intelligence. *International Journal of Data Warehousing and Mining, 9*(2), 66–88.

Acito, F., & Khatri, V. (2014). Business analytics: Why now and what next? *Business Horizons, 57*(5), 565–570.

Alpar, P., & Schulz, M. (2016). Self-service business intelligence. *Business & Information Systems Engineering, 58*(2), 151–155.

Angrave, D., Charlwood, A., Kirkpatrick, I., Lawrence, M., & Stuart, M. (2016). HR and analytics. Why HR is set to fail the big data challenge. *Human Resource Management Journal, 26*(1), 1–11.

Aral, S., Brynjolfsson, E., & Wu, L. (2012). Three-way complementarities: Performance Pay, human resource analytics, and information technology. *Management Science, 58*(5), 913–931.

Baesens, B., de Winne, S., & Sels, L. (2017). Is your company ready for HR analytics? *MIT Sloan Management Review, 58*(2), 19–21.

Bassi, L. (2011). Raging debates in HR analytics. *People & Strategy, 34*(2), 14–18.

Berendes, K., Kumpf, J., & Delarue, Marc. (2016). Strategische Personalplanung und HR Analytics. *HMD Praxis der Wirtschaftsinformatik, 53*(6), 828–837.

Berinato, S. (2019). Das perfekte Datenteam. *Harvard Business Manager, 6,* 50–61.

Bersin, J. (2016). *HR Technology Disruptions for 2017: Nine Trends Reinventing the HR Software Market*. Hrsg. v. Bersin by Deloitte.

Cascio, W. F., & Montealegre, R. (2016). How technology is changing work and organizations. *Annual Review of Organizational Psychology and Organizational Behavior, 3,* 349–375.

Christ, O., & Ebert, N. (2016). Predictive Analytics im Human Capital Management Status Quo und Potentiale. *HMD Praxis der Wirtschaftsinformatik, 53*(3), 298–309.

Côrte-Real, N., Oliveira, T., & Ruivo, P. (2017). Assessing business value of Big Data Analytics in European firms. *Journal of Business Research, 70,* 379–390.

Davenport, T., Harris, J., & Shapiro, J. (2010). Competing on talent analytics. *Harvard Business Review, 2010,* 1–6.

Deloitte University Press. (2017a). *Neue Spielregeln im digitalen Zeitalter. Globale Human Capital Trendstudie 2017*. Hrsg. v. Deloitte.

F. Wirges et al., *HR-Analytics,* essentials,
https://doi.org/10.1007/978-3-658-27793-2

Deloitte University Press. (2017). *Rewriting the rules for the digital age. 2017 Deloitte Global Human Capital Trends*. New York: Deloitte University Press.

Earley, C. E. (2015). Data analytics in auditing: Opportunities and challenges. *Business Horizons, 58*(5), 493–500.

Edwards, M., & Edwards, K. (2016). *Predictive HR Analytics. Mastering the HR Metric*. London: Kogan Page Limited.

Fairsail. (Hrsg.) (2015). Mind the gap – the have and have nots of HR Analytics. https://www.sagepeople.com/wp-content/uploads/2016/01/Mind-the-gap-the-have-and-have-nots-of-HR-analytics.pdf.

Falletta, S. (2013). In search of HR intelligence: Evidence-based hr analytics practices in high performing companies. *People and Strategy, 36*(4), 28–37.

Fiorina, C. (2000). The Transformation Accelerates. CTEA Convergence. http://www.hp.com/hpinfo/execteam/speeches/fiorina/ceo_ctea_00.html.

Fitz-enz, J. (2010). *The new HR analytics. Predicting the economic value of your company's human capital investments*. New York: AMACOM.

Fitz-enz, J. (2013). Predictive analytics applied to human ressources. In J.-P. Isson & J. Harriott (Hrsg.), *Win with advanced business analytics. Creating business value from your data* (S. 223–245). Hoboken: Wiley. (Wiley & SAS business series).

Fitz-enz, J., & Mattox, J. (2014). *Predictive analytics for human resources*. Hoboken: Wiley. (Wiley and SAS Business Series).

George, G., Haas, M. R., & Pentland, A. (2014). Big data and management. *Academy of Management Journal, 57*(2), 321–326.

Gola, P. (2015). HR Intelligence und Analytics – Datenschutzrechtliche Grenzziehungen. In S. Strohmeier (Hrsg.), *Human Resource Intelligence und Analytics. Grundlagen, Anbieter, Erfahrungen und Trends* (S. 127–147). Wiesbaden: Springer Gabler.

Ghasemaghaei, M. (2018). The role of positive and negative valence factors on the impact of bigness of data on bid data analytics usage. *International Journal of Information Management*. https://doi.org/10.1016/j.ijinfomgt.2018.12.011.

Halper, F. (2014). Predictive Analytics for Business Advantage. Hrsg. v. TDWI Research. https://vods.dm.ux.sap.com/previewhub/ITAnalyticsContentHubANZ/downloadasset.2014-03-mar-17-21.predictive-analytics-for-business-advantage-pdf.pdf.

Harvard Business Review Analytic Services. (2014). *HR joins the analytic revolution*. Boston: Harvard Business School Publishing.

Holthaus, C., Park, Y.-K., & Stock-Homburg, Ruth. (2015). People Analytics und Datenschutz – Ein Widerspruch? *DuD Datenschutz und Datensicherheit, 39*, 676–681.

Knaflic, C. N. (2015). *Storytelling with data. A data visualization guide for business professionals*. New Jersey: Wiley.

KPMG. (2018). The future of HR 2019: In the Know or in the No. https://advisory.kpmg.us/content/dam/advisory/en/pdfs/hr-survey-2019-key-findings.pdf.

Kobielus, J. (2009). *Mighty mashups: Do-it-yourself business intelligence for the new economy*. Cambridge: Forrester Research Inc.

Laursen, G. H. N., & Thorlund, J. (2017). *Business analytics for managers. Taking business intelligence beyond reporting*. Hoboken: Wiley. (Wiley & SAS business series).

Lawler, E. E., III, & Boudreau, J. W. (2015). *Global trends in human resource management: A twenty year analysis*. Stanford: Stanford University Press.

Levenson, A. (2011). Using targeted analytics to improve talent decisions. *People and Strategy, 34*(2), 34–43.

Liebig, C. (2017). Prädiktive Analysen im HR. *Human Ressources Consulting Review, 8*, 29–32.

Marler, J. H., & Boudreau, J. W. (2017). An evidence-based review of HR Analytics. *The International Journal of Human Resource Management, 28*(1), 3–26.

McIver, D., Lengnick-Hall, M. L., & Lengnick-Hall, C. A. (2018). A strategic approach to workforce analytics: Integrating science and agility. *Business Horizons, 61*(3), 397–407.

Mühlbauer, D. (2017). People Analytics: Ein praxisorientiertes Umsetzungsmodell. In ayway media GmbH (Hrsg.), *Handbuch HR-Management. Human Resources, Digitalisierung, Human relations: New Work & Arbeiten 4.0: wie die Digitalisierung die Arbeitswelt verändert* (S. 269–279). Bonn: ayway media GmbH.

OLAPcouncil. (1997). OLAP Council White Paper. https://www.symcorp.com/downloads/OLAP_CouncilWhitePaper.pdf.

Olsok, A., Kühn, T., Schulz, A., Bruhn, H.-D., & Kirch, J. (2016). *Datenschutz im Personalmanagement. Gemeinschaftsstudie 2016*. Berlin: Bitkom Servicegesellschaft mbH.

Patre, S. (2016). Six thinking hats approach to HR analytics. *South Asian Journal of Human Resources Management, 3*(2), 191–199.

Pease, G. (2015). *Optimize your greatest asset – your people: How to apply analytics to big data to improve your human capital investments*. Hoboken: Wiley 34. (Business professional collection).

Petry, T., & Jäger, W. (Hrsg.). (2018). *Digital HR. Smarte und agile Systeme, Prozesse und Strukturen im Personalmanagement*. Freiburg: Haufe Group.

Phillips, J. J. (2015). Types of analytics projects and the executive perception of them. *Strategic HR Review, 14*(1/2), 30–35.

Piazza, F. (2015). Systeme der Human Ressource Intelligence und Analytics. In S. Strohmeier (Hrsg.), *Human Resource Intelligence und Analytics. Grundlagen, Anbieter, Erfahrungen und Trends* (S. 89–125). Wiesbaden: Springer Gabler.

Rasmussen, T., & Ulrich, D. (2015). Learning from practice. How HR analytics avoids being a management fad. *Organizational Dynamics, 44*(3), 236–242.

Reindl, C. U. (2016). People Analytics. Datengestützte Mitarbeiterführung als Chance für die Organisationspsychologie. *Gruppe Interaktion Organisation Zeitschrift für Angewandte Organisationspsychologie, 47*(2), 193–197.

Schabel, F. (2017). HR-Report 2017. In ayway media GmbH (Hrsg.), *Handbuch HR-Management. Human Resources, Digitalisierung, Human relations: New Work & Arbeiten 4.0: wie die Digitalisierung die Arbeitswelt verändert* (1. Aufl., S. 280–283). Bonn: ayway media GmbH.

Strohmeier, S. (2008). *Informationssysteme im Personalmanagement: Architektur. Funktionalität; Anwendung*. Wiesbaden: Vieweg+Teubner (GWV).

Strohmeier, S. (2015). *Human Resource Intelligence und Analytics. Grundlagen, Anbieter, Erfahrungen und Trends*. Wiesbaden: Springer Gabler.

Strohmeier, S. (2017). Big HR Data – Konzept zwischen Akzeptanz und Ablehnung. In W. Jochmann, I. Böckenholt, & S. Diestel (Hrsg.), *HR-Exzellenz. Innovative Ansätze in Leadership und Transformation* (S. 339–355). Wiesbaden: Springer Gabler.

Ulrich, D., & Dulebohn, J. H. (2015). Are we there yet? What's next for HR? *Human Resource Management Review, 25*(2), 188–204.

van den Heuvel, S., & Bandarouk, T. (2017). The Rise (and Fall) of HR Analytics. A Study into the Future Applications, Value, Structure, and System Support. *Journal of Organizational Effectiveness: People and Performance, 2017,* 157–178.

Vargas, R., Yurova, Y. V., Ruppel, C. P., Tworoger, L. C., & Green-wood, Re. (2018). Individual adoption of HR analytics. A fine grained view of the early stages leading to adoption. *The International Journal of Human Resource Management, 36*(3), 1–22.

Weigert, M., Bruhn, H.-D., & Strenge, M. (2017). Digital HR oder HR Digital – Die Bedeutung der Digitalisierung für HR. In W. Jochmann, I. Böckenholt, & D. Stefan (Hrsg.), *HR-Exzellenz. Innovative Ansätze in Leadership und Transformation* (S. 323–337). Wiesbaden: Springer Gabler.

Werther, S., & Bruckner, L. (Hrsg.). (2018). *Arbeit 4.0 aktiv gestalten. Die Zukunft der Arbeit zwischen Agilität, People Analytics und Digitalisierung*. Berlin: Springer.

Wirges, F. (2019). *HR-Analytics – Requirements for the Design of a Self-Service Business Intelligence Solution*. Unpublished Working Paper.